FRAG MICH WAS

Marilis Lunkenbein

Pferde

Illustriert von Andreas Piel
Mit vielen lustigen Zeichnungen
von Angelika Stubner

Loewe

Der Umwelt zuliebe ist dieses Buch
auf chlorfrei gebleichtem Papier gedruckt.

ISBN-10: 3-7855-4849-4
ISBN-13: 978-3-7855-4849-3
3. Auflage 2006

Umschlagillustration: Andreas Piel
Vignetten: Angelika Stubner
Umschlaggestaltung: Andreas Henze
Printed in Italy (011)

www.loewe-verlag.de

Inhalt

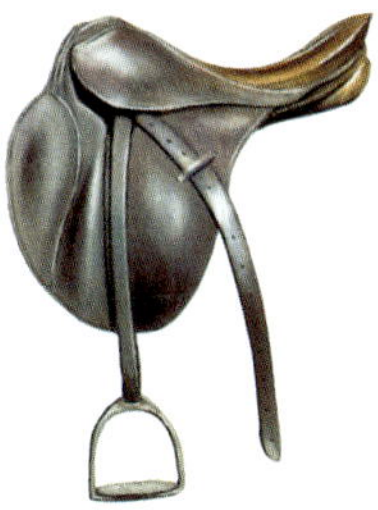

Wie lange gibt es schon Pferde?

Die Vorfahren der Pferde lebten vor 50 bis 60 Millionen Jahren. Ihre Heimat war das heutige Nordamerika. Die Wissenschaftler gaben dem ersten Pferd einen schönen Namen: Eohippus – das heißt „Morgenröte-Pferdchen“.

1 Mesohippus erreichte nur die Größe eines Schafes und lebte vor etwa 35 Mio. Jahren.

2 Eohippus lebte vor ungefähr 50 Mio. Jahren und war nur etwa so groß wie ein Fuchs. In dichten, sumpfigen Wäldern ernährte es sich in erster Linie von Laubwerk.

3 Merychippus lebte vor etwa zehn Mio. Jahren.

4 Pliohippus gilt als Urahn aller Pferde, Zebras und Esel und sah als erstes wie unsere Pferde aus. Das Tier lebte vor fünf Mio. Jahren und war etwa 110 cm groß. Es hatte schon voll entwickelte Hufe.

5 Equus, unser heutiges Pferd, steht in einer Entwicklungsfolge von über 50 Mio. Jahren.

Wie wurde das Wildpferd zum Hauspferd?

Vor 6000 Jahren begannen Menschen, Pferde einzufangen und in der Nähe zu halten. So hatten sie stets einen Fleischvorrat bei sich. Wilde Tiere an das Zusammenleben mit dem Menschen zu gewöhnen heißt „domestizieren“.

● Nachdem die Pferde stets in der Nähe waren, dauerte es nicht lange, bis die Menschen anfingen zu reiten. Zuerst kamen sie wohl auf die Idee, Pferde Lasten ziehen und tragen zu lassen. Vor 4000 bis 5000 Jahren hat sich dann ein Mensch zum ersten Mal auf ein Pferd gesetzt. Und irgendwann gelang es ihm, auch auf ihm sitzen zu bleiben ...

● Reiten und Fahren lagen eng beieinander. So wurden von den Kelten vor etwa 3000 Jahren Pferde vor zweirädrige Karren gespannt. Meist waren das Streitwagen für den Krieg.

Wie kann man ein Pferd verstehen?

Mit dem ganzen Körper kann ein Pferd seine Stimmung zum Ausdruck bringen. Vor allem Ohren, Schweif, Stimme und die Beinbewegungen zeigen deutlich, was ein Pferd will – oder nicht. Diese Signale sind bei allen Rassen gleich, und alle Pferde verstehen sich untereinander.

Wenn ein Pferd seine Ohren eng anlegt, so sendet es ein Drohsignal aus, das so viel heißt wie „Komm mir nicht näher!“. Diese eindeutige Warnung sollte man unbedingt beherzigen. Normalerweise, wenn das Pferd nicht unwillig ist, stehen seine Ohren aufrecht.

Ein unruhiges Pferd dreht seine Ohren hin und her. Ein Pferd mit nach hinten gerichteten Ohren lauscht der Stimme des Reiters.

Schrilles Wiehern ist ein Warnsignal. Aufgerissene Augen sind ein Zeichen von Erregung. Vorsicht, wenn das Weiße zu sehen ist!

Mit den Lippen durchsuchen Pferde manchmal den Menschen nach Leckereien. Auch das Knabbern am Arm und das Stupsen mit dem Kopf sind freundlich gemeint.

Freundschaft geht durch die Nase

Nase und Geruchssinn spielen bei allen Pferden eine große Rolle. Wenn sie sich zum ersten Mal sehen und kennen lernen wollen, stecken Pferde ihre Nasen zusammen, schnüffeln ausgiebig und entscheiden dann, ob sie miteinander Freundschaft schließen. Auch Stute und Fohlen erkennen einander am Geruch. Mit der Nase fangen Hengste Duftstoffe auf, die eine „rossige“ Stute, die gedeckt werden will, aussendet. Weitere Duftmarken, die Pferde mit der Nase lesen können, sind Pferdeäpfel, Urin und auch Baumstämme, an denen sich andere Pferde gerieben haben.

Sind die Esel mit den Pferden verwandt?

Esel und Pferde stammen wie Wildpferde und Zebras vom Pliohippus ab. Esel sind aber kleiner und nicht so schnell. Im Gegensatz zu Pferden sind Esel Einzelgänger, auch das Umherziehen liegt ihnen nicht. Deshalb leben sie wohl auch schon länger mit dem Menschen zusammen als die Pferde.

Ein Maultier ist das Kind eines Eselvaters und einer Pferdemutter. Beim Maulesel ist es umgekehrt: Er ist das Kind eines Pferdevaters und einer Eselmutter.

Wildpferde in Westfalen

Die letzten wild lebenden Hauspferde in Mitteleuropa sind die so genannten Dülmener, die im Merfelder Bruch leben, dem größten Wildpferdepark Europas nahe der Stadt Dülmen. Die Dülmener erreichen ein Stockmaß von 130 bis 135 cm und gehören deshalb zu den Ponys.

Eselhengst und Ponystute sind die Eltern eines Maultieres.

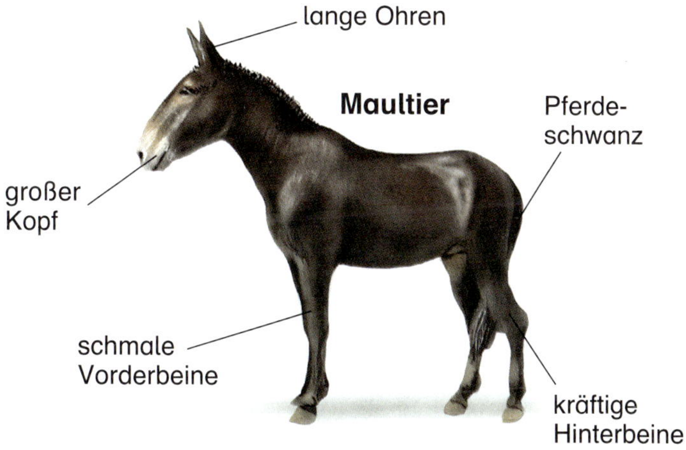

Zebras sind die einzigen in Afrika heimischen Pferde. Ihr Fell wirkt auf uns zwar auffällig, doch es tarnt sie vorzüglich, da die Streifen dort im Schattenspiel der Bäume und Sträucher nicht zu erkennen sind.

Welche Pferdetypen gibt es?

Es gibt Vollblüter, Kaltblüter und Warmblüter. Mit der Bluttemperatur haben diese Namen aber nichts zu tun. „Vollblut" ist ein Oberbegriff für sensible und schnelle Trab- und Galopppferde. Mit „Kaltblut" bezeichnet man ruhige, kraftvolle Zugpferde, „Warmblüter" sind Kreuzungen aus Vollblütern und Kaltblütern.

Warmblüter (Cowboy mit Reitpferd)

Kaltblüter (Haflinger)

Vollblut (Araberhengst)

Das größte Pferd der Welt ist das englische Shire-Pferd. Es kann bis 183 Zentimeter groß werden, manches Exemplar sogar noch größer. Das kleinste Pferd der Welt heißt „Falabella“ und wird in Argentinien gezüchtet. Falabella wird nicht größer als 72 Zentimeter. Welch ein Größenunterschied, wenn beide Tiere nebeneinander stehen! Pferde, die nicht größer als 147,5 Zentimeter werden, nennt man übrigens Ponys.

Adel verpflichtet

Die Vollblüter sind der Adel der Pferdewelt. Bei ihnen gibt es seit etwa 250 Jahren zwei Stammeslinien, das englische und das arabische Vollblut. Ein englischer Vollblüter hat einen Stammbaum, also einen Nachweis seiner Abstammung, der sich zurückführen lässt auf Pferde-Urahnen, die vor etwa 300 Jahren aus Arabien nach England gebracht wurden.

Warum gibt es Pferde in so vielen Farben?

In freier Wildbahn mussten Farbe und Schattierung des Fells gut an die Umgebung angepasst sein, um das Pferd zu tarnen. Heute wird die Fellfarbe oft schon bei der Zucht bestimmt. An der Fellfarbe kann man ein Pferd erkennen und unterscheiden.

Pinto, ein Westernpferd aus Nordamerika, hat die Farben seiner Umgebung.

Je nachdem, welcher Grundhaarfarbe sie zugeordnet werden, haben Pferde verschiedene Bezeichnungen. So hat ein Rappe schwarzes Fell, ein Fuchs ist ein Pferd mit braunem Fell und rötlichem Einschlag. Brauner heißt ein Pferd mit braunem Fell sowie dunklem Mähnen- und Schweifhaar. Der Schimmel ist ein weißes Pferd. Er hat aber bei der Geburt ein dunkles Fell, das dann Jahr für Jahr heller wird. Ein Falbe ist ein graugelbes Pferd mit schwarzem Mähnen- und Schweifhaar.

Auch die Abzeichen am Kopf haben Namen. „Flocke“ ist ein kleiner weißer Fleck, „Stern“ ein sternförmiger Fleck auf der Stirn, die „Blesse“ ist eine lange weiße Linie von Stirn bis Oberlippe, „Laterne“ bedeutet weißes Gesicht, und eine „Schnippe“ ist ein weißer Fleck auf der Oberlippe.

Wie heißen die Gangarten des Pferdes?

Die drei Grundgangarten heißen Schritt, Trab und Galopp. Das Pferd bewegt sich von Natur aus im „Vorwärtsgang“. Rückwärts- und Seitwärtsgehen fallen ihm schwer.

Die Fußfolge beim **Schritt**:
rechts vorn –
links hinten –
links vorn –
rechts hinten

Die Fußfolge beim **Trab**:
rechts vorn und
links hinten –
links vorn
und rechts
hinten

Die Fußfolge im **Galopp**:
links vorn und
rechts
hinten –
links hinten
und rechts vorn

Im Schritt erreicht das Pferd etwa 7 km/h. Die Geschwindigkeit beim Trab liegt bei ca. 15 km/h. Der Galopp ist etwa 60 km/h schnell. Vollblutrennpferde können auf flachem Gelände sogar bis zu 80 Stundenkilometer schnell sein.

Warum reitet man mit Sattel?

Vor Jahrtausenden klammerten sich die ersten Reiter einfach auf dem Pferderücken fest. Später benutzte man Decken, um darauf zu sitzen und auch den Pferdeschweiß abzuhalten. Weil die Decken rutschten, schnürte man sie mit Riemen fest. Später benutzte man dann Sättel aus Holz und Leder. Der Sattel verteilt das Gewicht des Reiters gleichmäßiger auf dem Pferderücken.

Fest im Sattel sitzen

Ein Sattel muss folgende vier Bedingungen erfüllen: Er muss sich für die Reitweise des Reiters eignen. Ferner muss er zum Pferd passen und das Gewicht des Reiters so gut wie möglich verteilen. Auch sollte er passend sein für die Größe von Reiter oder Reiterin, und schließlich sollte er aus gutem Material und fachmännisch verarbeitet sein.

Sättel wurden wahrscheinlich erstmals von den Skythen (Reitervolk, das die russischen Steppen bewohnte) benutzt. Die älteste Abbildung eines Sattels ist über 2000 Jahre alt. Die Form des abgebildeten modernen Satteltyps entwickelte sich allmählich im Laufe des 17. und 18. Jahrhunderts.

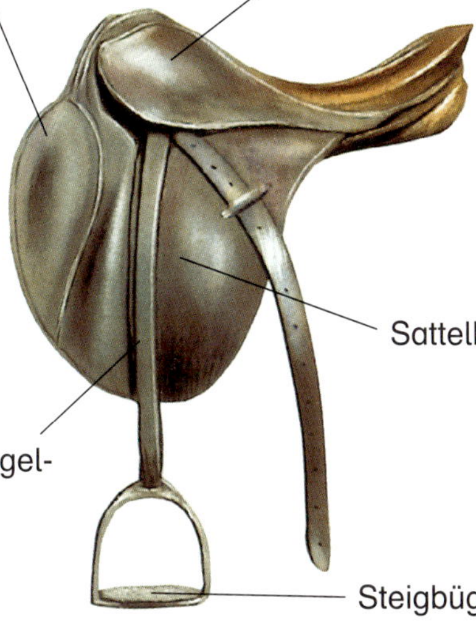

Das Zaumzeug ist ein Geschirr aus Leder und Metall. Es wird dem Pferd über den Kopf gezogen. Mit dem Zaumzeug lenkt der Reiter sein Pferd in die gewünschte Richtung. Zügel heißen zwei etwa 130 Zentimeter lange Lederriemen. Sie sind am Zaumzeug befestigt, das andere Ende hält der Reiter in der Hand.

Dieses texanische Stangengebiss, das auch Trense genannt wird, ermöglicht es dem Pferd, trotz angelegtem Zaumzeug noch zu fressen.

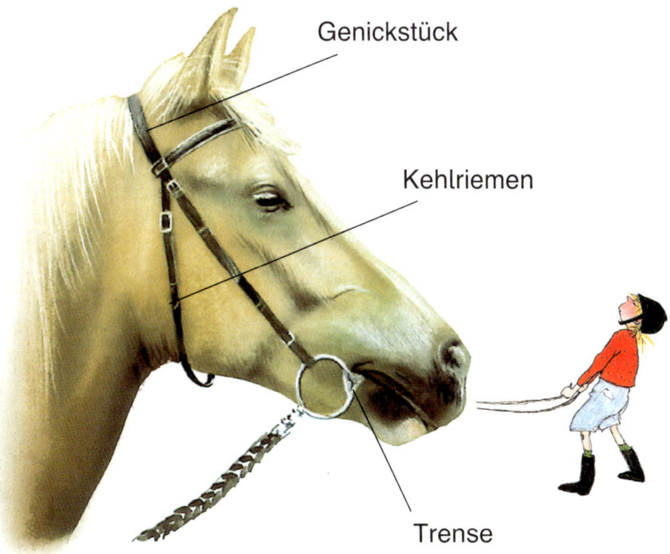

Woher bekommt das Pferd Hufeisen?

Seine Hufeisen bekommt das Pferd vom Hufschmied. Das ist ein Beruf, der heute ziemlich selten ist. Die meisten Hufeisen werden in der Fabrik vorgefertigt. Der Hufschmied bringt das Hufeisen zum Glühen und passt es dem Huf genau an. Mit sechs bis acht Nägeln wird das Hufeisen festgenagelt. Das tut dem Pferd nicht weh, denn die Hornschicht ist schmerzunempfindlich.

● Hufeisen bewahren den Huf vor zu starker Abnutzung. Hufeisen können sogar eine leichte Fehlstellung des Beins oder Hufs ausgleichen – so wie orthopädische Einlagen beim Menschen.

Ein heute noch gebräuchliches Hufeisen

Blick von unten auf Pferdehuf und Hufeisen

● Das Hufeisen ist nicht das einzige „Beinkleid“, das Menschen für Pferde erfanden. So rüsteten die Japaner schon 1000 Jahre vor Christus ihre Pferde mit Sandalen aus Stroh aus. Die alten Römer verwendeten eiserne „Hipposandalen“ (Pferdesandalen), die keine Nägel hatten. Bei den Wikingern in Skandinavien, wo die Wege oft und lange vereist sind, wurden den Pferden Eisennägel in den Huf geschlagen. Das sollte ein Ausrutschen verhindern.

Die Römer verwendeten „Hipposandalen“ aus Eisen.

Ohne Huf kein Pferd

Diese alte Reiterweisheit besagt, dass das Pferd als Lauftier gesunde und gepflegte Hufe braucht. Da Pferde aber heutzutage oft viele Stunden am Tag in der Stallbox stehen, sind sie besonderen Belastungen ausgesetzt. Durch die geringe Bewegung fließt das Blut langsamer durch die Beine, sodass auch die Hufe weniger Nährstoffe zum Aufbau des Horns bekommen. Deshalb sollten Pferde regelmäßig bewegt werden, damit die Beine und die Hufe nicht übermäßig belastet werden.

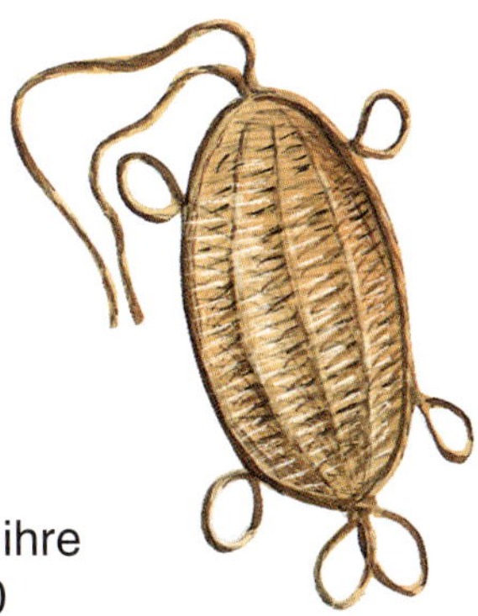

Die Japaner versahen ihre Pferde schon vor 2000 Jahren mit Strohsandalen.

Wie werde ich ein Pferdefreund?

Pferde sind schreckhafte Tiere, die nicht sehen, was direkt hinter und direkt vor ihnen geschieht. Nähere dich also einem Pferd immer so, dass es dich früh sehen kann. Komme also nie von hinten. Am besten ist es, wenn du sein Verhalten genau beobachtest.

Lernen sich zwei Pferde kennen, so beschnuppern sie sich und entscheiden dann, ob sie sich „riechen können“. Pferde, die sich mögen, helfen sich gegenseitig bei der Fellpflege und beknabbern sich die Mähnen. Blase dem Pferd deinen Atem in die Nüstern. So lernt es deinen Geruch kennen.

Wenn du das Pferd an der Mähne kraulst, ist das so, als würde ein anderes Pferd es freundschaftlich beknabbern.

Für Stallpferde ist die Fellpflege eine Art Freundschaftsbeweis des Menschen. Halte immer eine bestimmte Reihenfolge ein, um keine Körperstelle zu vergessen. Bürste das Fell kräftig mit kreisenden Bewegungen ab. Aber beobachte, wie das Pferd auf das Bürsten reagiert. Vor allem an den Körperseiten und am Kopf sind manche Pferde sehr empfindlich! Sei also behutsam!

Gefühlvolle Wächter

Pferde können über eine ziemliche Entfernung feststellen, ob die Person, die sich ihnen nähert, gute Absichten hat oder ihnen Schlechtes will. Deshalb konnten auch die Indianer Nordamerikas vom Verhalten der Pferde ablesen, wann ihrem Lager Gefahr drohte.

Wie wird ein Fohlen geboren?

Das Pferdebaby kommt mit den Beinen voran zur Welt. Es liegt zuerst noch in einer schützenden Hülle. Die Mutter entfernt diese Hülle, und beim ersten Ablecken nimmt sie den Geruch ihres Jungen auf. Der Geruch macht ihr Junges für sie unverwechselbar.

Pferdejunge sind keineswegs hilflos. Gleich nach der Geburt versucht das Fohlen aufzustehen. Nach einer halben Stunde kann es bereits sehen, genau hören, und nach einer guten Stunde steht es etwas wacklig auf seinen Beinen. An seinem ersten Lebenstag kann es sogar schon traben und galoppieren.

Noch steht das Fohlen auf wackligen Beinen, aber schon bald kann es traben und galoppieren.

Die Stute säugt ihr Fohlen, denn Pferde sind Säugetiere. Bald nach der Geburt sucht das Fohlen die Zitzen. Die erste Milch enthält wichtige Abwehrstoffe gegen Krankheiten. Bald beginnt das Fohlen zu grasen, doch im ersten Vierteljahr trinkt es noch täglich Milch.

Wie ist das Leben in einer Pferdeherde?

Pferde sind gesellige Tiere und an das Leben in einer Herde gewöhnt. Die Herde bietet ihnen Schutz und Sicherheit. In der Natur wacht ein Teil der Herde, während die anderen Pferde grasen oder sich ausruhen. Bei der Flucht nehmen die Hengste die Stuten und Fohlen zum Schutz in ihre Mitte.

Der Leithengst ist ein besonders vorsichtiges und erfahrenes Tier. Er führt die Herde zu den Weidegründen oder zur Wasserstelle. Er wacht über seine Herde und verteidigt sie.

Pferde haben einen sehr kleinen Magen. Zumindest die frei lebenden Pferde verbringen zwölf bis 16 Stunden damit, Nahrung zu suchen und aufzunehmen.

Wozu brauchen Menschen Pferde?

Lange Zeit war das Pferd das einzige Fortbewegungsmittel zu Lande. Das Pferd wurde geritten und vor Wagen gespannt, es trug Lasten, musste mit in Kriege ziehen und nahm den Menschen schwere Arbeiten ab. Heute werden Pferde bei uns vorwiegend für Sport und Freizeit gehalten.

Schlachtross

Im Mittelalter zogen Ritter in voller Rüstung auf Schlachtrössern zu Felde.

Rückepferde sind Pferde, die in der Forstwirtschaft, also bei der Arbeit im Wald, eingesetzt werden. Sie arbeiten vor allem dort, wo wegen des unwegsamen Geländes keine Maschinen benutzt werden können. Man sieht sie deshalb auch in der heutigen Zeit noch, wenn sie etwa Baumstämme aus den Wäldern schleppen. Auch in gebirgigen Gegenden sind sie nicht durch Maschinen zu ersetzen.

Polizeipferde

In vielen Ländern der Welt gibt es berittene Polizisten, auch in Deutschland.

Grubenpferde

Tief unten in den Kohleminen schufteten im 19. Jahrhundert Pferde, vor allem kleinwüchsige Ponys. Sie mussten hauptsächlich Karren ziehen.

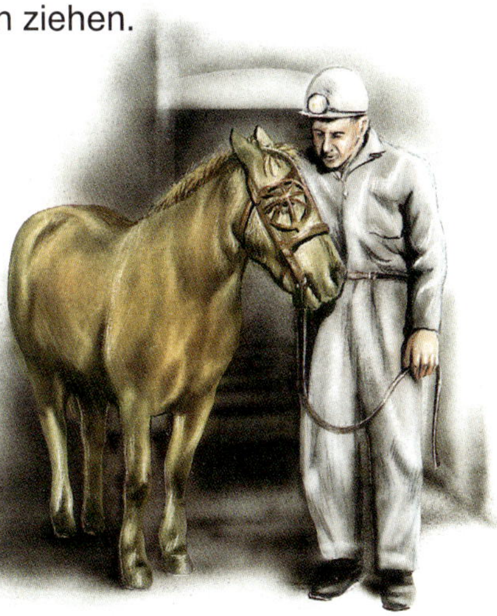

Der Kluge Hans

Der Kluge Hans lebte im 19. Jahrhundert in den Niederlanden und war eine echte Sensation. Wenn ihm jemand eine einfache Matheaufgabe stellte, stapfte er mit dem Vorderbein die richtige Lösung auf den Boden. Die Zuschauer waren begeistert. Er versagte allerdings, wenn er ohne Publikum auftreten musste. So fand man schließlich die Erklärung: Wenn Hans eine Aufgabe löste, fieberte das Publikum regelrecht mit, und er konnte durch sein feines Gespür für diese innere Anspannung der Menschen feststellen, wann er bei der richtigen Lösung angelangt war.

Welche Pferdefuhrwerke gibt es?

Seit der Mensch Pferde zum Transportieren von Lasten einsetzte, wurden Pferdefuhrwerke gebaut. Die waren anfangs noch sehr primitiv. Mittlerweile gibt es unzählige Arten von Kutschen, Planwagen und anderen Fuhrwerken. Diese vierrädrige Kutsche aus dem 19. Jahrhundert fährt vor dem Schloss von Windsor in England.

Ein englischer **Feuerwehrwagen** aus dem vorigen Jahrhundert. Er ist mit Wassereimern, Schläuchen und Leitern versehen.

Solche zweispännigen **Postkutschen** wurden im „Wilden Westen“ Nordamerikas eingesetzt.

Noch 1950 benutzten Milchmänner in England solche **Milchwagen**.

Wer sind die Cowboys?

Cowboys sind die nordamerikanischen Rinderhirten. Das Wort bedeutet eigentlich „Kuhjunge" oder „Kuhhirte". Ihre Arbeit ist hart, schlecht bezahlt und weitaus weniger abenteuerlich als die der Revolverhelden in Film und Fernsehen.

● Ein Rodeo ist ein Wettbewerb im Reiten auf einem wild bockenden Pferd und im Lassowerfen. Rodeos sind in den USA, Kanada und Australien sehr beliebt. Beim Rodeo muss sich der Reiter 20 Sekunden auf dem Pferd halten, mal ohne Sattel, mal mit Sattel.

● Das Lasso ist unersetzlich. Es ist nichts weiter als eine speziell geknüpfte Wurfschlinge, deren Knoten sich zuzieht. Mit einem geschickten Wurf fängt der Cowboy gezielt ein Tier aus der Herde. Aber ohne das richtige Pferd wäre der Cowboy hilflos. Es muss ruckartig stehen bleiben und das Zerren des Rindes aushalten.

Welche Pferdesportarten gibt es?

Es gibt Reitsportarten, Fahrsportarten und Reiterspiele. Pferd und Mensch messen dabei ihre Kraft und Schnelligkeit in Wettbewerben. Beim Springreiten z. B. müssen Pferd und Reiter bestimmte Hindernisse überwinden.

Beim Dressurreiten muss das Pferd die Grundgangarten perfekt beherrschen und bestimmte Figuren der „hohen Schule“ vorführen. So heißt eine Folge von Aufgaben, die große Ansprüche an die Geschicklichkeit von Pferd und Reiter stellen.

Vollblüter im Galopp

Die Sportart für Vollblutpferde sind die Galopprennen. Sie prüfen die Leistungsfähigkeit der Pferde und gehen über verschiedene Entfernungen. Die Rennen bis 1400 Meter heißen Fliegerrennen, die von 1600 bis 2000 Meter sind Mittel- und die bis 4800 Meter Steherstrecken. Die Galopprennen sind unterteilt in Flach- und Hindernisrennen. Ein besonderer Reiz ist für die Zuschauer der so genannte Turf, bei dem auf den Ausgang des Rennens Geld gewettet wird.

Trabrennen

Hierbei zieht das Pferd einen Rennwagen, „Sulky“ genannt, mit dem Fahrer. In einem solchen Rennen darf das Pferd nicht in Galopp fallen.

Polo

Bei diesem Spiel versuchen zwei Mannschaften zu Pferd, mit einem Schlagstock einen kleinen Ball ins gegnerische Tor zu schlagen.

Welche Pferde wurden berühmt?

Pferde waren für den Menschen schon immer wichtig – so wichtig, dass sie sogar in die Sagen und Erzählungen fast aller Völker der Welt eingegangen sind. So ist Pegasus das geflügelte Pferd der griechischen Sage.

Zentaur

Dies ist ein Fabelwesen aus der griechischen Sage. Es bestand aus einem Pferdekörper und dem Oberkörper eines Mannes.

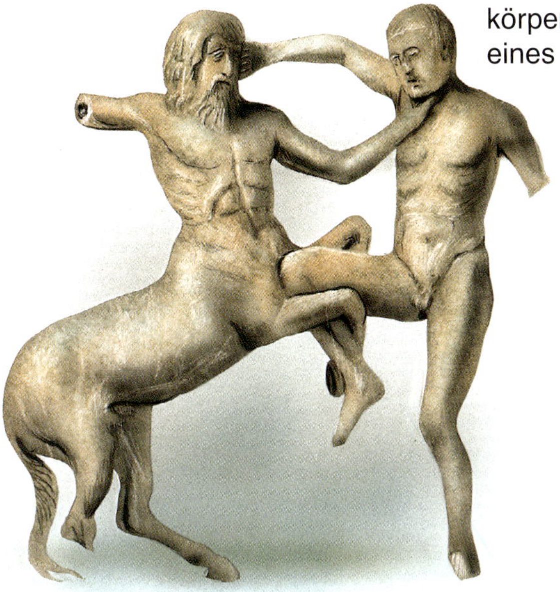

Das Einhorn

Dieses pferdeartige Fabelwesen trägt ein gedrehtes Horn. Das Einhorn steht als Symbol für Reinheit und Kraft.

Trojanisches Pferd

Zehn Jahre lang belagerten die Griechen die Stadt Troja. Schließlich zogen sie ab und ließen ein riesiges, aus Holz gebautes Pferd zurück. Die Trojaner schafften das Pferd in die Stadt. Aber nachts kletterten die griechischen Krieger aus dessen Bauch und eroberten Troja.

Prüfe dein Wissen!

Zu den Bildern auf dieser Seite wird dir jeweils eine Frage gestellt. Wenn dir die Antwort nicht einfällt, dann schlag im Buch einfach die abgebildete Illustration auf.

Was ist los mit diesem Pferd?

Was ist sein Beruf?

Sind Zebras auch Pferde?

Das bedeutet?

Wie heißen ihre Kinder?

Wie heißt dieser Sport?

Wo lebt das Einhorn?

Wie heißt
der weiße
Fleck?

Wo stand
dieses Riesentier?

Was macht die
Pferdemutter da?

Was probiert das Fohlen da?

Wann war
dieser Wagen modern?

Register